L'INCREDVLITE

OV L'IGNORANCE DE

CEVX QVI NE VEVLENT

cognoiſtre le bien & repos de
l'Eſtat, & veoir renaiſtre la
vie heureuſe des
François.

Ce Diſcours contient cinq petits Traictez faits depuis le 15.
Aouſt dernier. Compoſé par Berthelemy de Laſſemas,
vallet de Chambre du Roy, natif de
Beauſemblant en Dauphiné.

A PARIS,

Chez IAMET & PIERRE MET-
TAYER, Imprimeurs & Libraires
ordinaires du Roy.

M. D C.

Autheur tu es blasmé d'infinis tous les iours,
Ne cognoissant le bien que tu fais pour la France:
Les sages & discrets iugeront de l'offence.
C'est vn œuure du Ciel qui veut prendre son cours.

AV LECTEVR.

ABREGÉ des principaux poincts aux traictez cy apres, qui seruiront de preuue à l'Edict du commerce general qui est dressé, que tous François doiuét souhaiter, veoir, lire & examiner, & l'on trouuera les moyens faciles d'empescher pauureté, remede contre les choses meschantes, que les ignorans & incredules ne peuuent discerner. Requerant les hommes des loix & autres sages en iugement, considerer le tout pour diligément apporter en ceste œuure publique ce qu'ils cognoistront y manquer.

PREMIER TRAICTE.

Au premier est remonstré le mal que font à present les foires franches en ce Royaume, & la creation d'icelles.

Les plainctes du peuple contre les fermiers, peageurs & malletotiers, tenans les imposts de sa Maiesté, aux fermes & douannes.

A ij

Moyens certains & faciles de faire descharger le
pauure peuple des tailles, qui sont ruynez, & sera
par le moyen du commerce au bien du public.

Comme ce Royaume se rend tributaire de celuy
d'Angleterre à cause de leurs manufactures, l'vn
des malheurs & ruynes de la France.

Quatorze obiections contre l'establissement du
commerce, où il y a plusieurs choses à considerer,
auec les résponces veritables à icelles pour oster les
faulces opinions que l'on a voulu proposer à l'en-
contre.

L'inuention premiere des soyes auec beaux exemples, qui rendront confus les mocqueurs & ignorans
qui ont voulu empescher de faire lesdites soyes en ce
Royaume.

SECOND TRAICTE.

Les moyens d'establir au commerce vne police
perdurable par vn chef, & de bons Conseillers,
monstrer en quoy y seruira, vn contrerolle general,
que les marchans & autres doiuent considerer.

Le vol & piperie des changes, banquiers & banqueroutiers, qui perdent & ruynent le commerce,
& les tresors de ce Royaume.

TROISIESME TRAICTE.

La facilité d'employer les pauures, & chasser la

gueuzerie, contraindre les faiſneans & les faire trauailler.

L'abbus en l'eſlection de pluſieurs Maires & Eſcheuins, qui vendent le public pour leur proffit particulier, qui fait engendrer les pauures, qui eſt le ſubiect d'en auoir traicté.

Monopolles incroyables aux nouuelles maiſtriſes qui ſe font à preſent, comme auſſi de l'Edict des Cuirs.

Le nombre des meſtiers de Paris, pour donner aduis de ceux qu'il faut ſuprimer & retrancher les fraudes & yurongneries.

QVATRIESME TRAICTE.

Comme les bonnes maiſons, & groſſes cuyſines engendrent & maintiennent la gueuzerie.

Veoir à qui l'aumoſne eſt vtile, que tous Chreſtiens doiuent veoir & aprendre, pour en bien vſer.

La faulte que font Meſſieurs du Clergé de laiſſer mandier les hommes d'Egliſe, attendu que c'eſt vn meſpris en la foy & religion Catholique.

Le pernicieux abbus à Paris & autres villes, du grand nombre de cabarets & tauernes, qui cauſent tant de pauures.

Monſtrer la punition d'aucuns pays aux yurongnes qui les font demeurer vingt quatre heures liez & encheſnez ſur vn cheual de bois pour punition.

A iij

Le malheur de la chicanerie, & des procez qui engendrent tant de pauures : qui sont belles raisons à considerer.

Comme la iustice des Consuls a esté creée à faulte que les iuges ne faisoient bonne & breue Iustice.

La faute d'auoir creé icelle Iustice des Consuls qui engendrent ignorance & mespris, bonne pour les republiques & non pour les Royaumes.

La rigueur & cruauté de l'Edict des quatre moys, & sentences d'iceux Consuls, qui font naistre tant de pauures.

La viollance & tyrannie d'aucuns sergens aux villages, mesmes aux villes, contre lesdits pauures & affligez.

Veoir que les ruses des meschans empeschent d'auoir iustice, contre ceux qui brigandent le peuple, iusques aux maisons des Roys & Princes, pour les mettre en pauureté.

L'abbregé de neuf Edicts ou ordonnances des feuz Roys à cause des plainctes & clameur du peuple, qui meurent ruynez à la poursuitte des procés n'en pouuans auoir la fin.

Les abus de la pratique, ou sont nommez les Procureurs & les mesdisans Aduocats, auec l'iniustice que font les estrangers aux François en leurs pays.

PREMIER TRAICTE.

ADVERTISSEMENT A Messieurs les Commissaires deputez du Roy, & autres, pour estre instruicts en cest œuure publique.

L'ON trouue par les Ordonnances, que les gabelles, subsides, tailles, & imposts ont esté mises pour la conseruation & affaires de l'Estat public. C'est pourquoy les daces ont esté mises sur les marchandises, & creées les foires franches depuis cent cinquante ans, à cause du grand nombre de manufactures qui se trauailloient en cedit Royaume: que les estrãgers venoient achepter ausdites foires, cõme draps de laines, toilles, cuirs, & autres, par lesquelles il venoit beaucoup de tresors, qui estoit en partie les minieres de cedict Royaume.

Or est-il que la longueur du temps, paresse, & nonchalance des François, ont tel-

lement laiſſé abaſtardir les marchandiſes &
manufactures, qu'au lieu que leſdits eſtrangers apportoiét l'or & l'argét par le moyen
deſdites foires franches, ils ont faict, & font
le contraire. Ayant apporté & apportent
vn ſi grand nombre deſdites manufactures
de leur pays, que peu à peu ils ont ruiné les
marchâds, & perdu le commerce de cedit
Royaume : & enleuent les treſors comme
bon leur ſemble.

Le ſecond poinct eſt que les maltoteurs,
fermiers, peageurs, & leueurs d'impoſts,
ont tellemét abuſé leuant le droict du Roy,
que les Annales ſont réplies de leurs plaintes, & vont tous les iours de mal en pis. Le
droict de ſa Majeſté ſe peut leuer auec vn
tel ordre & police, que les trompeurs n'y
pourront faire monopoles, par le moyen
d'vn contrerolle general qui ſe fera ſans
fraude, mettant des commis par l'aduis dés
bourgeois, & gens de bien, des villes, en
leur donnât hôneſtes gages, à ſçauoir pour
liure ce qui ſera de raiſon. Et pour le regard
de la recepte, ſa Majeſté la peut faire exer-
cer par ſes officiers, ou tel qu'il luy plaira,
& non le contrerolle : car acheptant iceux
offices, ils ruineront & perdront le commerce, ainſi que font pluſieurs qui acheptent

ptent leurs eſtats , pluſtoſt pour maluerſer
qu'autrement. Les commis audit control-
le faut qu'ils ſoient changez à la moindre
faute. Et par ceſte raiſon, ſuiure l'aduis des
marchans, à ce qui eſt que ſa Majeſté prenne vn ſol pour liure en toutes marchãdiſes,
auant qu'eſtre miſes en vente, apres eſtre
veuës, viſitees, & marquees, & par ce moyé
iront franches & quittes de toutes daces,
gabelles, & impoſts, par tout ce Royaume,
& ce faiſant le droict du ſol pour liure vau-
dra mieux que leſdites fermes, & ſ'y trouuera de liquide cent eſcus pour dix. Outre
que la perte tombera entierement ſur les
eſtrangers.

Le troiſieſme poinct, eſt vn veritable
moyen au Roy, pour auoir de l'argent, lors
de neceſsité, guerre ou famine, (dequoy
Dieu nous vueille preſeruer) pourautant
que l'ordre ſera tel, que lon pourra veoir
tous les ans, meſmes tous les quartiers de
l'annee, les deniers prouenãs dudit ſol pour
liure, qui ne pourra diminuer, mais bien
s'augmentera tous les ans, iuſqu'à ce que la
France ſoit remiſe en ſon periode, qui ſera
vn denier liquide au domaine du Roy, au
lieu des fermes où il ſe commet des monopoles incroyables: outre que le peuple a

tellement en horreur les fermiers & peageurs, qu'ils les tiennent pires qu'ennemis
en guerre : mefmes que font lefdits eftrangers qui tiennent lefdites fermes, ou la plus
part d'icelles. Et donnant remede à telles
fautes, le peuple payera l'impoft volontiers
au double, eftât plus raifonnable mettre les
daces fur les marchâdifes, que nô point fur
les viures & denrees qui font pour la vie de
l'hôme, côme aufsi de prédre tailles fur tailles aux pauures petits, & laboureurs, qui
font ruinez, & ne peuuent cultiuer les terres. Il fera donc plus vtile mettre iceluy impoft generalemêt fur toutes marchâdifes,
pourautant que les riches, & tous autres
en payeront comme les pauures, & par ce
moyen le droict perdu des foires franches
fera remis au domaine de la Couronne, qui
ne fert que de commodité à faire enleuer
des trefors aux eftrangers. Les marchans
d'entendement cognoiffent que ceft ordre
eft neceffaire, ayant efgard q̃ les domaines
de la Coronne font vendus & alienez, outre les grâdes debtes qui font faictes à caufe des guerres ciuiles, & malheur du têps.

Le peuple ignorât & malicieux ne peuuent, ou ne veulent comprendre ces richef-
fes, ains voudroyêt tenir terre fâs feigneur,

& difent que le fol pour liure eft trop de charge: mais telles gens ont plus de crainte de police que de bien faire, ne voulant la plus part vifitation en leurs marchandifes, monopoles, & tromperies qu'ils font aux defpens du general, mais ceux qui penetrêt au dedans, font refponce qu'il vaut mieux porter vne petite charge du fol pour liure, qu'vn grand fardeau qui en fin accable du tout. Mefmes que le droict d'impoft fe ré-dra au profit des pauures, pourautant qu'ils feront defchargez par ceux qui porterôt & vferont le plus d'eftoffes, & par confequent payeront lefdicts impofts. Et prenât efgard aux grâds deniers prouenâs d'icelui droict, toutes les Prouinces doiuent fupplier le Roy, que le furplus qui eft plus grand beau-coup que l'on ne penfe, qu'il demeure pour defcharger les tailles du pauure peuple. Car de prendre fur eux, & ne leur donner recó-pence, cela les fait crier & lamenter. Ainfi que l'on void des nouuelles maiftrifes, & de l'Edit des Cuirs, qui fe fôt pires tous les iours, comme des daces aux portes des vil-les, & autres femblables, qui font vrayemét monopoles fil en fut iamais inuétees côtre le public, mais il faut croire que les grandes

affaires que fa Majefté a fur les bras,en font
caufe : car il ne demande que devoir fon
peuple en paix,bien,& repos.

Et qu'alors que cefte affaire fut propofee
au Roy par les feigneurs de Bouillon, & de
Rambouillet, lefquels luy remonftrerent
qu'iceluy fol pour liure vaudroit mieux beaucoup que les douannes & impofts: Sa
Majefté feit refponce tout hault, qu'il ne fe
foucioit de fon profit particulier, pourueu
que fon peuple en receut foulagemét. C'eft
pourquoy l'on pourra faire defcharger les
pauures peuples defdites tailles, & pluftoft
mettre trois blancs ou dixhuict deniers
pour liure aufdites marchãdifes, quoy que
vueillent dire au contraire ceux qui mettét
en auant la cherté d'icelles marchandifes,
où il ne fe faut arrefter , ny auoir efgard,
pourautant que le bon ordre & police qui
fe mettra aux vifitatiõs, marques, & police
d'icelles marchandifes,cela les rendra à bõ
prix,fi ce n'eft vn peu au commencement,
à caufe mefmes de l'artifice des eftrangers,
voyant la perte fur eux, & le profit aux Frã-
çois.

Peuple il fault fur tout recognoiftre fon Prince
Et luy payer fes droicts pour le rendre plus fort,
Auſſi faut-il François que nous ayons fuport
Contre les eftrangers qui gaftent la Prouince.

REMONSTANCE NECESSAI-
re pour le bien de ce Royaume, sur le traicté
de la Royne d'Angleterre, parlant des
manufactures.

L'Advis de l'Asséblee de S. Germain
en Laye, des trois Estats, en l'an 1583,
represente les raisons au faict du Traicté de
la Royne d'Angleterre, à quoy il est facile
de respódre, ayát esgard que nulle manufacture de ce Royaume ne peut entrer à present audit pays d'Angleterre, comme l'on
souloit faire, de sorte qu'au lieu de trafiquer
en eschange les marchádises pour marchádises, & receuoir argent des denrees de ce
Royaume comme au passé, les Anglois
font le contraire, faisant apporter en cedict
Royaume telle abondance de leursdictes
manufactures de toutes sortes, qu'ils en ré-
plissent le pays, iusqu'à leurs vieux cha-
peaux, bottes, & sauates, qu'ils font porter
en Picardie, & Normandie, à pleins vais-
seaux, au grand mespris des François, &

B iij

de la police, où l'on peut remedier par l'e-
stablissement du commerce & manufactures, sans auoir esgard audict Traicté d'Angleterre, qui ne peut auoir plus de lieu que
en France, ny autres Royaumes: attendu
mesmes que c'est vn fait de police particulier, que nul Roy, ny Prince, ne sçauroit empescher, ny pretédre interest, si ce n'est que
le Royaume de France se rende tributaire
du Royaume d'Angleterre, & autres pays,
qui par leurs manufactures font mandier le
peuple François en toutes parts.

OBIECTIONS (*AVEC LES*

responces) que l'on propose au reglement du com-
merce, par hommes qui ne les peuuent souſtenir,
leſquelles ſeruiront à mieux faire cognoiſtre ceſte
bonne œuure, eſtant propoſee par les plus difficiles.

PREMIEREMENT.

I.

ILs proposent la defence des manufactures eſtrãgeres, qui ſe doit faire
auec iuſte cauſe.

II.

Diſent que leſdites manufactures eſtrangeres entreront, nonobſtant les defenſes,
pour auoir nos treſors.

III.

Demandent faire vn grand fonds de deniers, pour auoir des ſoyes eſcreues, & autres affaires.

IIII.

Le meſpris qu'ils font des ſoyes de France, où ils ſe trouuent trompez.

V.

Parlent d'employer les eſtrangers pour
trauailler aux manufactures, pluſtoſt que

les François.   VI.

Le soucy qu'ils ont de fournir la ville de Paris de draps de soye, où la respóce en est belle.   VII.

Mettét en auãt la venue de la Royne, qui empeschera les desseins du cómerce.

VIII.

Parlent des manufactures & labourages des champs, comme gens qui n'y entendent gueres.   IX.

Disent que les plus riches marchands y ont de l'interest, mais faut distinguer ce qui est du public.

X.

Et qu'il ne se peut obseruer reiglement ny police en ce Royaume.

XI.

Mespris de l'entreprise du cómerce, pour-autant qu'il sera empesché.

XII.

Parlent aussi des grãds sur l'entreprise dudit commerce.

XIII.

Qu'il ne faut faire tãt d'affaires en vn coup au reglement, mais bien l'vn apres l'autre.

XIIII.

Discours d'aucuns sur la reformatió d'habits au lieu du commerce.

PRE

TElles propositiós de ne vouloir empeſcher les manufactures des pays eſtranges,
viennent de l'artifice des eſtrangers, qui vou-
droient empeſcher ceſte bonne œuure, auec
certains marchands leurs confederez, qui leur
tiennent la main, pour acheuer de diſſipper les
treſors de ce Royaume : mais pluſtoſt eſt treſ-
neceſſaire faire la deffenſe d'icelles manufactures eſtrangeres, à ce que les bons & loyaux
marchãds s'employent doreſnauãt à faire trauailler les marchandiſes & ouurages au profict
de la Frãce, dans le pays, ou la quarte partie des
villes, bourgs & villages, qui ſont aux enuirós
des villes, où le pays n'eſt gueres fertile, le peuple y demeurãt oiſif, & à rien faire la plus part
du temps, & meſmes qu'ils y ont les viures à
bon pris, qui ſera cauſe qu'en peu de téps toutes marchandiſes viendrót à bas pris. Et en ce
qu'ils veulent faire accroire que lon aura faute
de marchandiſes, faiſant icelle defenſe, il eſt
certain que la neceſſité d'eſtoffes fera pluſtoſt
l'eſtabliſſemét d'icelles, que non point l'abondance : meſmes qu'à vn beſoin l'on s'en paſſe-
roit deux ou trois ans, de celle qui eſt à preſent
dans le Royaume, encores qu'il ne s'y en feiſt
point du tout. Il faut conſiderer comme choſe
veritable, que leſdites manufactures eſtrangeres ont ruiné entierement les treſors des François & par ainſi, n'eſt beſoin prendre aduis &
conſeil d'infinis qui portent plus les eſtrangers
que leur patrie.

C

En ce qu'il est dit que les manufactures estrangeres entreront
encores que les frontieres seroyent remplies de potences.

Article II.

IL est indubitable que tant que les estrãgers
auront les fermes & douannes à leur deuotion l'on ne sçauroit auoir police aux frontieres, ny mesmes dans le Royaume, attendu que
ils sont tellement bandez, & d'accord de pui-
ser les deniers de ce Royaume en toutes parts,
specialemét à cause de leursdictes manufactures: mais ce bon ordre estably au faict du commerce, facilemét l'on empeschera tels monopoles qui durent de si long temps.

En ce que l'on demande faire vn grand fonds de deniers, pour
commencer le commerce, & auoir des soyes crues.

Article III.

L'On void plusieurs qui parlent du cómerce, & peu d'hommes le veulent embrasser,
il s'en trouue qui presteront l'oreille, pourueu
qu'ils voyent ce grand fonds de deniers prepa-
ré, & qu'ils en puissent auoir quelque intelligéce au maniment, sans toutesfois que cela nous
soit bon & raisonnable, & aussi n'est point à
dire que tous ceux qui en parlent y pretendét
profit: mesmes seroit il necessaire supplier le
Roy, comme celuy qui a le plus d'interest, à
cause du profit qui en aduiendra, d'y aduancer
vne somme de finances pour suruenir aux ouuriers estrangers, & autres aduances: car de
matiere la Frãce n'en sçauroit manquer, ayant

vn si grand nombre de marchands qui baillent leur argent aux estrangers, tous les quartiers de l'annee, lesquels apres la defense, ils employeront ausdites matieres, & à faire trauailler aux ouurages : mesmes l'on recouurera les soyes crues sans bource deslier, par les moyens des marchãdises & dérees de ce Royaume, qui est pour respondre à ceux qui demãdent faire vn fonds de finances.

Les soyes qui se feront en France ne seront bonnes, le pays n'estant propre comme en Jtalie.

Article IIII.

IL semble qu'vne partie des François, de malice ou d'ignorance coniurent le mal de leur pays, disant que ce Royaume n'est propre à faire des soyes, encores que la preuue en soit faite il y a quarante ans & plus, mais à present ils se trouuent confus. Car les Italiens, Prouençaux, Espagnols, & Flamens, & autres nations, côfessent q̃ les fueilles des muriers y sont plus douces & meilleures qu'en leur pays, & l'air plus temperé pour les vers à faire ladite soye: mesmes celles qui sont faites à present à Madril, & à Paris, en plusieurs lieux, & aux fauxbourgs, mesmes aux villages : lesquelles dittes soyes se trouuét des plus belles, & plus fines de la Chrestienté, & les vers qui font plus grãd' quantité d'icelle soye qu'audit pays d'Italie. C'est pourquoy les ignorans & incredules demeurét côfus en leur opinion, ainsi que ceux qui se mocquent de l'establissemēt des manufactures, qui sont les richesses & vie heureuse des François. Et à ces fins voicy les raisons comme les soyes ont esté inuentees dés le commencement, tant au pays de Leuant qu'en Italie. Les vers à soye furēt trouuez par deux Religieux Moynes, qui en donnerent la graine à l'Empereur Iustinian, à Cōstantinoble, il y a cinq cens vingt-six ans, & non plus : Et apres du regne de l'Empereur Constantin, l'on fist le prix de la soye de la vendre au poix de l'or. En ce temps là, en la ville de Damas en Cyrie, & à Bource, ville de l'Anatolie, fust trouuee l'inuétiō des velours, & autres estoffes, mesmes celle que l'on nomme damas, porte le nom d'icelle ville. Ils ont tenu fort secretes les inuétions desdites soyes en leur païs. Or est-il que Roger Roy de Cicile, faisant la guerre, prinst des ouuriers en soye d'icelle ville de Damas, il y a deux cens ans, & àlors en Italie commencerent à faire desdites soyes, apres auoir recouuré des muriers de Leuant, par le moyen desdits prisōniers. Et depuis peu à peu, & de ville en ville, ils se sont adonnez à faire des draps d'icelle soye, ainsi que l'on void à presēt. Et en l'ā mil quatre cens quatre vingts quatorze, le Roy Charles VIII. à son retour de Naples, aucuns de ses Gentils-hommes, curieux de ceste belle manufacture, apporterent des muriers en France, entre autres le sieur de Alan, Gentil-hóme du Daulphiné pres le Mótlimart, lequel plāta beaucoup desdicts muriers qui sont encores en nature. La preuue de ce que dessus se trouue en la Republique de Bo-

din : & au Theatre d'Agriculture du Sieur du
Pradel, lesquels en parlent amplement:qui est
pour respondre & móstrer la faute & nócha-
lance des François.Car depuis que l'inuention
est en France, l'on deuroit faire dix fois plus de
soye qu'en Italie, à cause de la belle cómodité
des muriers,& de la nourriture des vers qui est
facile,voyant le bon air & terres du pays, ainsi
qu'il est dit cy deuant.

Pour bien dresser les Asteliers à faire les ouurages, les estran-
gers seroyent propres, attendu qu'ils sont riches en tre-
sors,& finances,plus que les François.

ARTICLE V.

SEMBLE à d'aucuns que nul Fráçois ne sçauroit apporter bien à sa patrie, & veulent sui-
ure l'aduis des estrangers auát les troubles,qui
vouloyent entreprendre de dresser de grands
lieux pour faire trauailler aux manufactures
deux ou trois mil personnes, & en diuers en-
droits, qui estoit vn vray moyen d'attirer l'or
& l'argent en leur pays, se rendans ainsi maistres sur les François: mais cet ordre est au contraire, pource que l'on fera trauailler plus de
millions qu'ils n'eussent fait de mille : car le
peuple sera employé par tous les quartiers du
Royaume, & si les François demeureront les
chefs, quelque nombre d'estrangers qui viennent trauailler,& pour le regard d'iceux estrá-
gers, qui ont tát de tresors, il vaut mieux qu'ils
gardét leurs richesses,que d'acheuer d'espuiser
la France.

C iij

Comme l'on pourroit fournir la ville de Paris de belles estoffes,
pour le Roy, & sa Noblesse, & tous autres qui abordent.

ARTICLE VI.

LA vraye necessité des tresors de la France
se doit remarquer & cognoistre en la ville
de Paris, pour raison du grand nombre de marchãdises manufacturees, qui se vendét de toutes les natiós voisines du Royaume, & par có-
sequent ils transportét les deniers par le moy-
en des marchands qui trafiquent auec lesdits
estrãgers, qui d'vn million d'escus qu'ils reçoiuent comptant, ils n'en r'employent pas mille;
voire cinq cens en eschange de manufactures
de ce Royaume, qui monstre les raisons par-
quoy l'on doit defendre icelles manufactures
estrangeres. Car de continuer à telles fautes, la
ville de Paris, & plusieurs autres, s'en vont du
tout espuisees de finances, ainsi que tant de
bourgs & villages, où il faudra en fin escorcher
les hommes, & les bestes, pour forger argent
de leur peau, pour payer les tailles, & leurs
debtes, estant contrainct le pauure peuple abã-
donner leurs heritages, à cause de la cruauté
des sergens, & de ceux qui les font tiranniser,
le tout prouenant à faute de finances que l'on
porte dans les bonnes villes, comme audict
Paris qui les dissipe, à cause d'icelles marchandises. Ne faut doubter que le Roy, & sa Noblesse, ne s'accómode des estoffes qui se trouueront dans ledit Royaume.

*Et que sa Majesté estant mariee, que la Royne empeschera le
commerce, comme chose qui fait preiudice
aux estrangers.*

ARTICLE VII.

EN ce que parlent telles gens, ils serōt sans
nulle doute trōpez, en ce qu'ils disent que
la venue de la Royne empeschera les manufactures, il ne faut nullement douter, que ce que
trouuera bon sa Majesté, que la clemence de la
Royne n'y accorde plus volontiers, mesmes
pour tel benefice qui est pour le repos de l'e-
stat. Il est certain que la feue Royne mere, auāt
les troubles, c'estoit elle qui cedoit le plus à
establir les manufactures, & par ainsi faut croire que la Royne, au lieu d'empescher, elle y ap-
portera bien & cōmodité, & pour cest effect,
tout le peuple de France luy donneradix mille benedictions.

*Les manufactures empescheront les labourages, à cause du
bon pays de la France, au pris de celuy des estrangers.*

ARTICLE VIII.

C'EST vn grand faict des hommes qui ont
si peu de iugement, de dire que les manufactures empescheront le labourage, au contraire, sera le moyen de mieux cultiuer & la-
bourer les terres: attendu que l'argent se ma-
niera pour la commodité les vns des autres, &
en outre disent que le pays de France est meil-

leur que les eſtrangers, ce qui eſt vray: mais en
recompence ils ont meilleure police. Ils empeſchent en leur pauure pays, les gueux & mã-
diãs, mourir ou lãguir à leurs portes, en ſi grãd
nombre, comme on les void en France. Quãd
on voudra conſiderer, l'on trouuera plus de
cinq cens villes en des pays de montagnes, lan-
des, & boys, qui ſont des plus pauures qu'il ſe
peut voir, & ainſi qu'il eſt dit, les bourgs & villages aux enuirons, au ſẽblable, où les pauures
gens demeurent oiſifs les trois parts du temps.
C'eſt pourquoy il ne fault douter que l'on aye
aſſez de moyen de trauailler auſdites manufactures, tant au bon pays que mauuais : ce qui
leur donnera moyen de ſe remettre, & ne s'a-
muzer à ceux qui demeurent en ceſt erreur
d'empeſcher le labourage.

Rien ne ſe pourra faire au reglement du commerce, que
les plus riches marchands de Paris, & autres
villes ne donnent leur aduis.

ARTICLE IX.

LA choſe eſt louable au faict d'vne police,
de conferer auec de riches marchands, &
qui aiment le bien de leur nation, côme il s'en
peut trouuer nombre à Paris, & autres bónnes
villes de ce Royaume: mais il eſt neceſſaire les
choiſir quand l'on veut parler d'vne reformation generale au faict du commerce, comme
celuy de cedict Royaume, qui eſt preſque ruiné, & auſſi bien partie des marchands, comme
ledict

ledict commerce. Plusieurs d'iceux aux bonnes villes se sont meslez de diuers affaires,
ayant les vns acheté des offices, soit en recepte,
controolle, payeur de gendarmerie, prendre
des fermes, & partis, trafiquer aux changes &
rechanges, qui font tant de preiudice, estant
d'accord auec lesdits estrangers: de sorte qu'il
est difficile que prenant aduis des riches marchands, il ne s'en trouue qui en ce reiglement
y auront de leur interest particulier, & qu'au
lieu d'y apporter ce qui est necessaire pour le
public, ils pourront parler au côtraire : de sorte
que ceste remonstrance seruira à Messieurs les
Cômissaires deputez de sa Majesté, pour auoir
esgard au contenu cy dessus, voyãt que le tout
s'agist pour le bien de la chose publicque.

Sont propos de faire vn reiglemẽt: car il ne se pourra obseruer,
voyant la police presque renuersee en ce Royaume.

ARTICLE X.

TELLES gens pensent que l'on ne doit plus
auoir bien à y repos, & font comme ceux
qui disoyent durant les troubles, que iamais la
France ne seroit en paix: Dieu nous a donné vn
Roy qui ayme les gens de bien, & la Iustice, &
faut croire qu'il fera garder ce reglemẽt, & s'as-
seurer que le grand des-ordre du passé, amene-
ra vn bon ordre, tout ainsi que les mauuais
troubles ont amené vne bonne paix, Dieu est
aussi puissant que iamais. Ceux qui lisent dans
les Histoires trouuent tant de maux & pauure-

tez, faictes au passé, & apres est venu le bon ordre : mesmes les belles ordonnances, qui par
longueur du temps se sont corrompues, & re-
mises en bien, & par ainsi se tiendra vne telle
police en cedit reiglement, que l'on dira que
c'est vn œuure du Ciel, au bien du general.

Plusieurs tiennent en mespris l'entrepreneur du commerce, le-
quel sera empesché par gens de qualité, qui y ont interest.

ARTICLE XI.

L'HOMME qui veut proposer bien à la Republique, se doit armer de patience: car la
plus part à qui l'on communique, ne font estat
de telles propositions, & en donnent plustost
mespris qu'autrement, encores qu'ils monstrét
apparence en auoir plaisir. Le bon ordre est
tousiours trauersé & mesprisé par les meschãs
& ignorans: c'est pourquoy les gens de bien seront aduertis de tenir la main à ceste bóne œuure, proposee de long temps, & l'on verra le
mespris & calomnie de ceux qui pretendent
interest, qui n'y sçauroyent empescher, ayant
esgard que tout le general y a de l'interest.

Disent que l'on ne fait estat des grands qui soustiennent
ce reiglement, non plus que de celuy qui en
a donné l'inuention.

ARTICLE XII.

TOVS les hommes du móde, Roys, Princes,
grands, & tous autres, sont subiets aux ca-

lomniés, principalement des ambitieux, qui veulent que leurs paroles d'yhpocrisie, ou d'ignorance, surmontent ceux qui ayment le bié, l'honneur, & la reputation de leur Roy, estant veritable que les mocqueries & calomnies demeurent ordinairement à ceux qui les donnent, & l'honneur demeure à qui il appartient, les gens de bien se cognoissent au fait, & non à la parole.

Qu'il ne faut mesler tant d'affaires en vn coup en ce reiglement, mais bien les faire l'vne apres l'autre.

ARTICLE XIII.

SI les affaires en France se pouuoyent depescher, cóme il seroit de besoin, l'on pourroit auoir esgard en telles propositions, combien que c'est le meilleur de donner vn reiglement parfait, non point piece à piece, ayãt esgard aux tromperies, monopoles, & piperies qui se font à present en toutes vacations, & qui s'augmentent tous les iours, & semble que toutes choses doiuét renuerser, encores que Dieu aye appaisé son ire des guerres ciuiles, qui doit induire vn chacũ à mieux faire, & par ainsi la police doit estre entiere, & ne laisser rien en derriere dequoy l'on se puisse aduiser au fait du commerce, marchandise, & trafic, & mesmes que le pauure peuple des champs se ressente de ce benefice, comme ceux des villes, qui est pour respondre aux trauerses que l'on donne au bien d'icelle police.

D ij

Article XIIII.

LA reformation d'habits eſt neceſſaire, &
ſeroit de beſoin d'y donner vn tel ordre,
que les petits, & gens de baſſe qualité, ne ſe
peuſſent eſgaler aux grands, non plus en leurs
habits, qu'en leurs qualitez : mais la vraye reformation, & des plus neceſſaires, ſeroit de rô-
pre les deſſeins de ceux qui de long temps par
cabales, côtinuent à faire magaſins des treſors
de ce Royaume, & les tranſportent hors d'iceluy ſans plainte ny contredit, & à la veüe d'vn
chacun, & empeſchant telles choſes, auec les
defenſes des manufactures eſtrangeres, les treſors ſe conſerueront d'eux meſmes dans cedit
Royaume, ſans faire deffenſes aux frontieres
ny ailleurs, voyans meſmes que l'on n'en fait
qu'abuſer : car au lieu d'y empeſcher, l'on tient
main-forte à ceux qui les tranſportent. Voila
côme la pauure France a eſté traitee il y a long
temps, le teſmoignage en eſt euident, attendu
que l'on nevoid à la pluſpart du peuple, argent,
que des ſols faux, & encore bien rarement, &
toutes les nations voiſines de la France en ſont
remplies, qui fait cognoiſtre que voicy la prin-
cipale reformation, & plus neceſſaire que celle des habits, combien que l'vne ne doit empeſcher l'autre.

AV LECTEVR.

TOVS les aduertiſſemens, memoires, & remonſtrances, faites
pour l'eſtabliſſement du commerce, des manufactures propoſees au
Roy, à l'aſſemblee de Rouen, tant au-
parauant que depuis, ſont reduites en
40. articles, dreſſez en forme d'Edit, où
il eſt rapporté pluſieurs raiſons neceſſaires (les ordōnances recherchees depuis le regne du Roy Saint Loys, auec
des moyens propres pour les faire ob-
ſeruer : Et à ces fins l'on a prins l'aduis
de vingt communautez principales de
Paris, touchant les marchands & arti-
ſans qui ont mis leur dire par eſcrit, &
demādent vn nouueau reiglemét, tant
pour eux que pour le reſte de la Fráce,
au fait des marchandiſes, ouurages, &
manufactures, neceſſaire à toutes qualitez de perſonnes, que Dieu par ſa bō-
té fera venir en ſa perfection.

Aduertissement, pour

apporter à vn chacun ce qu'ils trouueront neceſſaire au faict du commerce, où l'on ſera aduerty que les Seigneurs de Rábouillet, Preſidét de Rys, & de Verſigny, ſont commis du Roy, pour auec le Preuoſt des marchans de Paris, & autres qu'il ſera de beſoin, voir les difficultez qui ſe pourrôt propoſer au faict dudit commerce.

Quatrain à qui il appartient.

Voycy du bien public, voicy la vraye eſſence,
Priſe des bonnes loix, voyez tous les eſcrits,
(Les grands) & tous les Chefs, iugez en vos eſprits,
Si refuſez ce bien, à Dieu ferez l'offence.

F I N.

DE PAR LE ROY.

SA Majesté a permis, & permet à Barthelemy de l'Affemas, dit Beaufemblant, fon varlet de Chambre ordinaire, en continuant la permiffion à luy baillee, lors de l'affeblee à Rouen, de faire imprimer par tel imprimeur, que bon luy femblera, toutes les remonftrances & memoires parlans du cómerce & traffic des marchandifes, ouurages, & manufactures, pour les eftablir en noftre Royaume, pour le bien d'iceluy: Auec defenfes à tous autres les faire imprimer, en quelque ville ny lieu de noftredit Royaume, à peine de cinq cens efcus d'amende, & fans la permiffion dudit l'Affemas, & à cefte fin eft mádé au Preuoft de Paris, ou fon Lieutenát, & autres Iufticiers qu'il appartiendra, le faire iouir de la prefente permiffió, fans aucun empefchement. Faict à Paris le 21. iour de Iuillet mil cinq cens nonante huict.

Signé,   HENRY.

Et plus bas,   DE-NEVVILE.

SECOND TRAITÉ

ADVERTISSEMENT
ET RESPONCE AVX

Marchands & autres, où il est
touché des changes, ban-
quiers & banque-
routiers.

Quatrain aux Lecteurs.

Lisez loyaux Marchands ces œuvres non diuerses,
Que sans fraude & sans mal vous propose l'Autheur:
Considerez bien tous ainsi qu'vn bon Lecteur,
Ces escripts aux meschants sont fascheuses trauerses.

SVR ce qu'il a esté parlé dans le traicté & remonstrance faicte à Messieurs les Commissaires deputez du Roy, parlant du commerce, aucuns marchands & autres sont d'opinió que l'autheur faict ces choses exprez pour son profit particulier, cóme d'auoir le controolle general dudit commerce. Et par ces raisons est besoin oster telles fauces opinions, & monstrer en quoy consiste iceluy controolle general.

I I.

En l'Edict dressé pour le faict du cómerce & en l'article 24. Il remonstre comme les ordonnances ne se peuuét obseruer, & a cause de ce sa Majesté veut faire à l'aduenir que la police soit perdurable, & à ces fins establir vn cóseil en la ville de Paris, de douze Conseillers hommes capables, qui se-

ront changez, moytié tous les ans,
pour faire garder icelle police, & par
conſequent eſlire vn intendant pour
chef, ayant eſgard qu'en toutes choſes n'y ayant point de ſuperieur elles
viennent en confuſion, & remediant
à ce, l'on verra vn admirable cómerce qui auec ledit controolle ſera perdurable comme il eſt dict.

III.

Iceluy controolle eſt neceſſaire en
ce qu'il faut que toutes les manufactures qui ſe feront en ce Royaume
ſoyent remiſes en leurs anciennes bó-
tez, attendu qu'elles ſont ſi alterées
qu'il ſemble que le bien ne doit plus
auoir lieu,, & auſſi ledit controolle fera prendre, fidellement le droit du
Roy aux marchádiſes, au lieu des daces, gabelles & impoſts, qui ſe fót en
toutes parts, & qui ne viennent au
profit de ſa Majeſté, combien que le
peuple le paye au quadruple.

A ij

IIII.

L'vn des points à quoy feruira ledit
controolle fera d'empefcher l'entrée
des manufactures eftrangeres defen-
duës, comme les draps de foye & autres qui ne laifsét d'entrer sás payer le
droit de fa Majefté, & par furprife,
& faux dóner à entendre, obtiennént
des paffeports contre les ordonnáces,
mefmes à prefent ils fót apporter mil
marcs de fils d'or de Milan, qui font
cinq cens liures de poix pefant, difant
(quoy que nó) que c'eft pour les tapif-
feries du Roy, lefquelles eftant faictes
n'en pezerót pas trois ou quatre cens,
tant les laines, foyes, or, & argent, &
autres eftoffes & matieres, ce qui mó-
ftre la rufe & artifice d'iceux eftrangers, mal incroyable, de forte que l'argent qu'ils reçoiuent auec les cháges
& rechanges qu'ils font ils diffipét les
fináces de ce Royaume, les Seigneurs
dú cófeil qui ont accordé lefdits paf-

seports ne peuuët cognoiſtre au vray
les marchandiſes : C'eſt pourquoy ils
ont eſté ſurpris : Qui faict monſtrer
qu'iceluy controolle & police eſt vtile & neceſſaire.

v.

Icelle police & controolle empeſ-
chera les cháges & rechanges: car par
change & rechange, la France des richeſſes eſt tóbee en pauureté, & fera
conſeruer le reſte des marchands qui
n'ont eſté pris à l'apaſt des banquiers,
banqueroutiers, qui ont tant pipé &
volé de peuple, teſmoing la pauure
ville de Lyon, qui ne leur a ſeruy que
de retraicte, où les peres & enfans en
meurent ruïnez, Paris & autres villes
en ſçauent que dire, qui s'y laiſſent
prendre encore aujourd'huy: Comme
de laiſſer faire les changes & rechanges aux Fráçois, au lieu de redreſſer le
cómerce des marchádiſes qu'ils tien-
nét en meſpris, & pour cét effect l'au-

A iiij

theur à qui le Roy a dóné le cótrool-
le, lequel prie toutes sortes de marchands de cósiderer tant ledit traicté
preseré à Messieurs les Commissaires,
que la presente remonstrance : Et si
aucús d'iceux apportent vne meilleure intelligence aux moyens qu'il faut
tenir à l'establissement dudit commerce, ledit autheur offre leur quitter
ledit estat de controolle, en mettant
leur dire par escript, & que leurs raisós
se trouuent meilleures pour la chose
publique : Qui est pour respondre à
ceux qui parlent d'iceluy controolle.

AV LECTEVR.

*Ceux qui n'ont iugemént disent que l'on
veut rompre le commerce des estrangers:
Mais au contraire qu'il se fera par mer
& par terre plus que iamais, ayãt empesché
le vol & piperie que la France recoit des
manufactures estrangeres, les sages le cognoissent & non les ignorans qui ne peuuët
discerner vn tel benefice.*

TRAITÉ SVR LES CA-

lomnies des banqueroutiers & inuenteurs de monopolles contre
l'Autheur, difant que c'eſt luy qui
fait les banqueroutes l'ayant vcu
en peine pour ce faict & autres
ignorans qui en font des contes
& goſſeries.

TElles paroles d'iniures ont induit
l'Autheur faire reſponce autrement on le tiédroit en meſpris, lequel
fouſtient que nul marchád de verité
ny autre ne peut dire auoir perdu a-
uec luy vn eſcu, meſmes ceux qui ont
attendu il leur à paié intereſt de leurs
deniers, encores qu'il aye emprunté
plus de deux cens mil eſcus, depuis
qui leua la boutique d'argenterie du
Roy en lan 1576. ſoit à Paris, Lyon,
Tours, & autres villes & eſtrangers
& d'icelles debres il ne doit pas en

tout & par tout mil cinq cens escus
à peine de sa vie & hóneur, & se trouuera qu'il a plus de reste q̃ beaucoup
qui detractẽt de luy & quand à ceux
qui dient l'auoir veu en peine nul ne
peut dire qu'il ait fait banqueroute,
cession, separation de biens, ny autre
mal qui le puisse blasmer, biẽ à esté en
peine pour auoir perdu de ses papiers
durãt les troubles & n'a esté fort tra-
uaillé cõme d'vn marchãt ingrat ayãt
oublié le plaisir qu'on luy auoit fait
durãt le mauuais temps: toutesfois il y
a excuse que la necessité, ou bien il
vouloit satisfaire à son superbe enten
dement qu'il pense auoir.

Voila donc pour respõdre ausdits banqueroutiers
& faiseurs de monopoles qui sõt faschez d'estre des-
couuerts ce qui leur fait mesdire d'iceluy Autheur.

QVATRAIN.

Vous tous qui en mespris vsez de gosseries,
Monstrez vos beaux effects en chose de valleur
Celuy qui fera mieux emportera l'honneur,
Tousiours l'homme impudent reçoit la moquerie.

TROISIESME TRAITÉ.

LES MOYENS

DE CHASSER LA GVEV-
serye contraindre les faineants,
faire & employer les pauures.
Desdiez à Messieurs
du Clergé.

QVATRAIN
Pour seruir à Dieu.

Hommes ne mesprisez ces œuures difficilles:
Car le chef de là-haut est le sens & l'Autheur,
Le maistre qui les fait n'est que l'entremetteur,
Dieu donne ses secretz, & les rend tous faciles.

AVX GRANDS

DE LA POLICE ET SEIGNEVRS du Clergé.

L'On doit auoir esgard, d'empescher la gueuserie & faineantise qui est si frequente en toutes parts.ce que l'on ne veoit en Royaumes ny Pays estrangers,quelque grand nombre de Peuple qu'ils ayent sur leurs terres. Ce qui doibt esmouuoir les chefs, de la police & autres d'y remedier,és fins que par le moyen du commerce des manufactures, les pauures valides soient employez:voyant mesme que ce Royaume est (graces au bon Dieu) ordinairement fourny de bleds, vins, & autres viures en abondance, & nonobstant le peuple y meurt de faim & pauureté,faute incroyable qui est facile à remedier quand les hommes d'entendement voudront confiderer ce qui s'enfuit.

En premier lieu eft befoing que l'on cognoiffe les moyens qui fe prefentét pour employer iceux pauures valides, gueux, & faineants, tant hómes, femmes qu'enfans, & par ces remonftrances l'on conuie ceux qui pourront apporter meilleure intelligence en cefte œuure publicque qui fe prefente, attédu que c'eft la volóté & intention du Roy, & de fon fage & prudent Confeil.

Ayant confideré la police qui fe tiét aux païs eftranges, l'on treuue qu'aux villes metropolitaines, & autres bonnes de ce Royaume, fe doibt dreffer deux vilages publics des plus commodes & proches villes, l'vn pour les femmes non mariees & pour les filles, & là y faire trauailler des manufactures plus facilles, & y contraindre ceux qui n'y voudront trauailler d'amitié, par chefnes & prifós. Moyen certain

A ij

de chaſtier les gueux & faineants: enfans & filles qui ne voudront obeir a
leurs peres, meres, & ſuperieurs, &
par conſequent y contraindre auſſi
les ſeruiteurs & chambrieres, au liéu
de demeurer dans les bordeaux, jeux,
& lieux deſbauchez, choſe qui empeſ-
che les maiſtres & maiſtreſſes d'eſtre
ſeruis. Outre que ſeront vrayement
des œuures pieuſes, voyant la ieuneſſe
qui ſe perd, meſmes des petites filles
qui ſ'y nourriront, que pluſieurs en
prendront aprez pour ſ'en ſeruir : &
des enfans au ſemblable. Cela empeſ-
chera qu'ils ne coucheront plus par
les ruës, ny dans les fumiers les vns a-
uec les autres comme des chiens &
beſtes brutes, d'où vient la ſource de
la vraie gueuſerie, à quoy l'on doibt
auoir eſgard, attendu la facilité qui ſe
preſente, laquelle ſera infallible.

Or eſt-il que l'ō verra l'œuure meilleure que beaucoup ne peuuent pen-

fer, Pour raiſon que la police ſera generalle, & par ce moyen les pauures
d'vne prouince ne pourront courir à
l'autre, attendu qu'ils ſeront emploiez
& contraints en toutes parts. & auſſi
que alors qu'ils ſe verront forcez de
trauailler d'eux-meſmes, ils cherche-
ront de la beſongne, où bié ils vuide-
ront le Royaume, comme pluſieurs
qui ſont nez à la gueuſerye de pere en
fils, & yront pluſtoſt courir la Tur-
quie, que de faire autre vaccation,
car ils veulent mourir en ce meſchät
vice.

Le principal eſt en ceſte affaire de
regarder les moyens neceſſaires pour
redreſſer leſdits villages publiqs,
pour autant qu'il ne ſe faut attendre
d'y employer les deniers deſtinez aux
pauures des hoſtels Dieux, pour raiſó
qu'ils demeurent aux inualides, vieux, malades & impotens. C'eſt pourquoy il faut auoir recours à toutes

qualitez de perſonnes, conſiderans
que ceux qui ont la crainte de Dieu
voyants ce bon ordre, ne feront difficulté de dóner pour l'eſtabliſſement
d'iceux villages publiqs,ce qu'ils don-
noiét aux pauures, tant en leurs maiſons, Egliſes, qu'ailleurs : voire d'a-
uantage quand ne ſeroit que la ſeule
occaſion de ne voir leſdits pauures en
telle abondáce qu'auparauãt.Et pour
cét effect eſt beſoing ſupplier meſſieurs du Clergé, de donner ſuyuant
les moyens venans de leurs benefices,
ce qu'ils cognoiſtrót neceſſaire pour
vne fois payer d'extraordinaire, &
que pour la diſtribution de leurs deniers auſdits vilages publics, ils cõ-
mettent de leur part tel homme ca-
pable qu'ilz verront bon eſtre. Pa-
reillemét ſupplier la majeſté du Roy,
Princes & ſeigneurs, de donner à l'eſ-
ualuation de ce qu'ils donnent tous
les ans auſdits pauures, comme auſſi

toutes autres maiſons riches, & generallement ceux qui le pouront faire ſelon leurs moyens & commoditez, & par conſequent donner aduis
des autres moyés propres qui ſe pourront trouuer ſans foulle du peuple
pour ſuruenir à icelluy eſtabliſſemét
deſdits villages publicqs, leſquels ſe
ſtabliront auec telle police, que l'on
cognoiſtra que c'eſt vne œuure venát
du Ciel.

Pour le gouuernement deſdits villages publics en l'ordre neceſſaire, il
faut choiſir les hommes aux parroiſ-
ſes. & le faire publier au proſne des
Egliſes, & que ſoient gens eſprouuez
de bonne vie & reputation, & prendre garde qu'en peu de téps ils n'ayét
gagné beaucoup de richeſſes, ny
qu'il ſoient parleurs, faiſans de grádes
harangues : mais pluſtoſt les choiſir
ſimples & groſſiers en leurs actions.
L'exemple de pluſieurs villes doit ſer-

uir à ceſte police en l'eſlection des Maires, Eſcheuins, & autres qui nót charges publicques qui ſe font par brigues d'amis, corruptiós & feſtins, le tout à deſſein de vendre à deniers comptans le public, pour faire leur proffit particulier. C'eſt pourquoy l'ó vend des offices de Police aux maiſós de villes : abus pernicieux qui ſe cognoiſt au plaintes du peuple, les païs eſtráges font à telles gens vne rigoureuſe punition, de façó que ceux qui ſe trouuent en ce mal-fait eux & leurs enfans en demeurent à tousjours en infamie. Les fautes lourdes du paſſé rameneront vn bien admirable, puis que Dieu nous a donné vn Roy qui deſire que les bonnes choſes cachees & perduës reprennent la lumiere.

Il ne faut doubter que le commerce des manufactures bié eſtably, ne ſoit l'vn des moyens pour remettre l'eſtat en ſplendeur: C'eſt pourquoy il y faut

appor-

apporter les remedes propres, & pareillement oster & retrancher les cho
ses contraires . Comme de regarder
que les maistrises necessaires soyent
bien obseruées aux lieux où se feront
les manufactures & bons ouurages
neufs. Et par consequent oster rompre & casser les maistrises inutilles &
qui font preiudice au public;attendu
qu'au lieu de faire les ouurages ainsi
qu'ils doibuent,ils tournent le bien
en monopoles, & ne seruent à plusieurs qu'à yurógneries, tromperie &
banquets,ou proffit particulier,non-
obstant les deffences des edicts & ordonnances,& par ce moyen mangét
& dissipent les deniers qui doibuent
estre employez tát en œuures pieuses,
qu'aux femmes veufues & orphelins:
Ce qui cause tant de pauures qui vont
médier en tous lieux, &voyát ces cho
ses il est de besoing que chacú soitad-
uerty du nóbre des maistrises, & que

B

l'on donne aduis de celles qui se doy-
uent retrancher, mesmes qu'elles s'augmentent iournellemét pour choses
nõ necessaires. Comme de l'edict des
nouuelles maistrises que l'on a faict à
present iusques aux bourgs & villages
oùles pauures ouuriers & artisans, sont
tellement tourmentez par executiõs
& ventes de leurs biens pour leur four
nir argent. qui est euidente cruauté &
tyrannye, & en outre que les deniers
qu'ils reçoyuent, ne viennét au proffit de sa Majesté qui se dissipent en
fraiz: Comme aussi de vendre les maistrises à tous ceux qui se veullent pas-
ser maistres, ce qui corrõpt du tout
l'ordre desdites maistrises, & semble
que telles choses se facét exprez pour
renuerser entierement le bien en mal
ce qui engendre lesdits pauures: c'est
pourquoy les noms de toutes les maistrises de Paris ont esté mis cy apres
pour regarder celles qui empeschent

le bien public és fins d'estre reglez &
oster la confusion:& par ainsi chacũ
en sera aduerty pour en donner aduis
à Messieurs les Commissaires deputez
du Roy, ou bien au preuost des marchands de Paris.

Il sera remonstré autre raison, comme lesdits villages publics empescheront les pauures de courir dans les villes durant la maladie contagieuse, dequoy Dieu nous vueille preseruer, n'y
ayans chose qui plustost seme icelle
maladie, attendu la necessité qui les
faict courir d'vn costé & d'autre, tes-
moings à Paris les dernieres maladies.
qui n'y peurent donner ordre, mesmes que toutes gens sans moyens &
sans maistres s'y retireront,ce qui rendra lesdites villes plus aggreables.

SENSVIVENT
LES NOMS DES ARTS
& meſtiers qui ont maiſtriſe
à Paris.

Cyrurgiens.	Imprimeurs.
Barbiers.	Fondeurs de lettres.
Apotiquaires.	Libraires.
Peintres.	Doreurs de liures.
Brodeurs.	Relieurs de liures.
Sculpteurs.	Papetiers.
Tapißiers contrepointiers.	Colporteurs.
Tapißiers de haute lice.	Parcheminiers.
Tapißiers ſaraciners	Batteurs d'or & d'Argēt.
Pelletiers & foureurs.	Graueurs.
Bonnetiers.	Enlumineurs.
Orfeures.	Orlogeurs.
Touailliers.	Ioueurs d'inſtruments.
Lapidaires.	Doreurs.
Chapelliers.	Doreurs en Cuir
Guantiers.	Megiciers.
Ceinturiers.	Chauderõniers.
Teinturiers en draps	Vergetiers.
Teinturiers en ſoye.	Maiſtres en faiĉt d'armes.
Teinturiers en fauxtain.	Maiſtres Eſcrimeurs.
Tißutiers & Rubaniers.	Armuriers heaulmiers.
Paſſementiers.	Patenoſtriers & Bouton=
Plumaßiers panachers.	niers D'eſmail.
Plumaßiers de plumes à eſ=	Patenoſtriers d'os, & cor-
crire.	ne.
Maiſtres Eſcriuains.	Patenoſtriers de gez.
Maiſtres d'Eſcolles.	Pegniers tabletiers.

Chandeliers.
Desparteurs d'Or & d'Ar=
  gent.
Mirouetiers & lunetiers.
Marchans de cheuaux.
Courtiers de cheuaux.
Enioliueurs.
Huiliers.
Fonteniers plombiers.
Vendeurs de marée.
Vendeurs de foin.
Mouleurs de bois.
Verriers.
Lingeres.
Limieres.
Lingeres chanurieres.
Chaussetiers drapiers.
Tailleurs d'habits.
Pourpointiers.
Cordonniers.
Fourbisseurs.
Seliers.
Esperonniers.
Bourreliers.
Menuziers.
Coffretiers & maletiers.
Serruriers..
Tailleurs de pierres.
Massons.
Charpentiers.
Couureurs.
Charons.
Tonneliers.

Vinaigriers.
Tondeurs de draps.
Mareschaux.
Couroyeurs baudroyeurs
Teinturiers peaußiers.
Potiers d'estain.
Potiers de terre.
Vistriers.
Boulengers.
Patißiers.
Tauerniers.
Cabaretiers.
Pescheurs de poisson.
Foulons de draps.
Tourneurs de bois.
Cousteliers.
Espingliers.
Ferreurs d'esguillettes.
Eguilliers halesniers.
Clincalieurs.
Fondeurs en sable.
Tumbiers.
Maistres de jeux de paul=
  mes.
Raquetieres.
Taillandiers.
Bourciers gipeciers.
Boisseliers vanniers.
Arbalestriers & harque=
  buziers.
Brasseurs de biere.
Dominotiers.   (ce
Imprimeurs en taille dou=

Ballanciers.	Iardiniers.
Oyseliers.	Gueyniers.
Tisserrents en draps.	Cordiers.
Tisserrents en toilles.	Bouquetiers.
Peruquieres.	Poupetieres.
Chaperonnieres,	Ferronniers.
Frippiers.	Tuiliers.
Rostisseurs.	Formiers.
Charcuitiers.	Faiseurs de talos de bois.
Bouchers.	Porteurs de bled.
Cuisiniers.	Mesureurs de charbon.
Vendeurs de pain d'espice.	Porteurs de charbon
Cloustiers.	Debardeurs.
Esmouleurs de grandes for=ces.	Chargeurs de bois en char=rettes.
Faiseurs d'œuures blanches.	Sauetiers.
Passeurs d'eau.	Racoutreurs de bas d'esta=mes.
Plastriers.	
Natiers.	Cureurs de puis.
Recordeurs de leyne.	

SOMME

DEs Artz & mestiers qui ont maistrises de la ville de Paris, qui sont au nombre de 148. outre
ceux qui peuuent estre oubliez : Lesquelles maistrises croissent tous les iours ainsi qu'il est dit. Et n'y a
pas iusques aux chartiers, crecheteurs & lauandie-
rs qui ne se vantent faire des maistrises. Ce qui
monstre l'abus pour faire croistre de plus en plus
les pauures & monopolles au public.

QVATRAIN

Vous peres du public, chassez la gueuserie,
Les Turqz & les Payens en monstrent les sentiers,
Plustost faut=il (Chrestiens) le faire volontiers,
Et oster des mestiers fraude & yuronguerie.

ADVERTISSEMENT

DV COMMERCE FAICT SVR LE DEBVOIR DE L'AVMOSNE DES

Pauures, desdié aux riches &
amateurs du bien public.

*Faict par Berthelemy de Laffemas vallet de chambre
du Roy, natif de Beausemblant en Dauphiné.*

*Qui represente sur ce l'abbus des Tauernes &
Cabarets.*

A PARIS,
Chez IAMET ET PIERRE MET-
TAYER, Imprimeurs & Libraires
ordinaires du Roy.
M. DC.

Tous Riches qui auez les biens en abondance,
Aux pauures vous debuez qui attendent si tart
Faictes que des effruicts ils reçoiuent leur part,
Les tresors sont au Ciel (qui faict le bien) d'asseu-
    rance.

AV CHEF DE LA
POLICE.

AV TRAICTE´ faict sur la remonstrance de chasser la gueuserie, aucuns s'en formalisent, disant qu'il est besoing les nourrir des restes qui demeurent aux bonnes maisons, où sont les grosses cuisines, & qu'autrement il faudroit ietter les viades qui seroient perdues.

Telles raisons se mettent en auant par le peuple ignorant qui ne peut ou ne veut cognoistre ces choses bonnes & faciles, dont il fault leur en donner l'intelligéce plus familiere, & faire veoir en quoy consiste l'aumosne des pauures, & côme on leur doibt faire distribuer, ésfinsd'oster le mal d'auec le bien: voyant la Police qui

A ij

se presente pour l'establissement du commerce ou il ne fault rien laisser en derriere
dequoy l'on se puisse aduiser, & qui serue
à l'estat public.

En premier lieu les aumosnes qui se
font aux bonnes maisons & grosses cuisines, attirent les gueux, gueuses, putains &
maquerelles; receleurs & receleuses, qui
sont cause de plusieurs larcins: & de la des-
bauche des seruiteurs & chambrieres, &
mesmes des enfans des maisons, attendu
qu'on les retire la nuict dans les estables
& autres lieux escartez, chose qui doibt
estre en horreur & qui est cómune principalement aux bonnes & grosses villes.
Outre qu'icelles maquerelles & gueux,
soubs pretexte de gueuserie, attendét aux
portes des maisós pour maquerelages, &
iusques au deuát & dedás les Eglises, aux
coígs des rues & ailleurs pour dóner le mot
à telles meschácetez si frequétes en toutes
parts. N'est-ce-pas aussi ce qui engédre les
petits enfás à la gueuserie qui ne veulét a-

pres faire autre vacation si ce n'est à cou-
per des bourses, & seruir aux meschans la
nuict à voller les maisons & autres vices ?
Voila à quoy seruent les restes desdictes
grosses cuisines. Ce qui faict icy donner
vne comparaison pour auoir veu certains
yurognes ayás perdu la cognoissance, lesquels iettoyent les verres pleins de vin cõ-
tre les murailles, dõt le peuple se faschoit :
& autres plus sages disoiẽt que levin qu'ils
iettoient n'estoit point si perdu que celuy
qu'ils auoient beu. Comme aussi est vian-
de perdue, celle qu'on faict manger à vn
gourmant apres qu'il est saoul. Et plustost
seroit de besoing la ietter. Ainsi est-il de
donner à manger à la gueuserie, & à telles
sortes de gents; & dis dauantage que c'est
offenser Dieu de leur dõner, attendu que
la plus part desdits gueux & gueuses, viuẽt
comme bestes bruttes, & ne vont seule-
ment prier Dieu, à confesse ny faire leurs
Pasques : mesmés tant de petites filles qui
s'y perdent, & autres qui sont nées de bon

pere & de bonne mere, qui à faulte de moyens & de police, demeurent perdues auec icelle gueuſerie, qui eſt pour reſpondre à ceux qui diſent qu'il fault faire manger les reſtes des viandes des bonnes maiſons & groſſes cuiſines, à ceux qui vont mandier par les rues.

Or eſt-il qu'il fault cy apres remonſtrer les pauures à qui on doibt faire l'aumoſne & qui ſe deburoient reſſentir des reſtes deſdictes groſſes cuiſines, qui ſont veritablement les pauures honteux, qui ſont en ſi grand nombre, & n'oſent aller mandier ny gueuſer. Mais pluſtoſt meurent de faim & pauureté. Cóme ceux qui ſont chargez de ieunes filles & enfans qu'ils ne peuuent nourrir: dont pluſieurs la neceſſité les contrainct à mal faire, meſmes que beaucoup ſortent de bonnes maiſons & familles qui ſe treuuent en neceſſité. C'eſt là où la charité ſe doibt eſtendre, & leur faire part des reſtes deſdictes groſſes cuiſines.

Pareillement donner aux pauures affligez dans les prifons, & regarder à ceux
qui font les vrais pauures, pour raifon que
ceux qui font les aumofnes ordinairemét
aufdictes prifons, par intelligence on les
donne pluftoft aufdictes putains, maquerelles, larrons, coupeurs de bourfes, pi-
peurs en banqueroutes & autres qui aurót merité la corde ou d'eftre mis aux ga-
leres, que non point aux pauures affligez
qui ne l'ofent demander. C'eft pourquoy
les gardes des prifons ne veulent móftrer
les rolles des prifonniers ny leur Police,
dont plufieurs donnent de l'argent, pen-
fant foulager les pauures neceffiteux. Et
pourvn homme qui ne doibt rien ou fort
peu, on fera donner quatre fois au double. Et ce pendant les affligez à qui l'on
penfe auoir faict aumofne, en demeurent
fruftrez. En tels lieux les bonnes maifons
& groffes cuifines doibuent donner leurs
reftes: non point en faire triumphe par les
rues, les donnant à la gueuferie, pour faire

apparoiftre deuant les hommes qu'ils sõt de grands aumofniers.

Autre aumofne grandement neceffaire fe debura faire à l'aduenir. Comme de donner quelques petits habillemens aux pauures valides qui feront dans les villages publiqs & ne leur donner point d'argent ny de viures s'ils ne font malades ou des plus vieux: attẽdu qu'il fault qu'ils gaignent leur vie à trauailler. Aultrement il y en a qui n'apprẽdroient iamais s'ils trouuoient qui leur donnaft à manger. Pareillement donner habits aux pauures filles, comme auffi quelque argent pour les marier; & felon les moyens & commoditez. Et alors on dira que les meffieurs riches defdites groffes cuifines dõnent l'aumofne aux pauures, nõ point nourrir la gueuferie ainfi qu'il eft dict.

L'vne des principales aumofnes fera aux chefs de la Police de faire biẽ & loyallement diftribuer les deniers des pauures dõnez de long tẽps par les predeceffeurs

aux

aux Hoſtels-Dieu. Comme auſſi les deniers de toutes Maladeries qui ſe mangét
& diſſipent par gens incapables : & donner ſur ce vn tel ordre que les pauures
prebtres n'aillent plus mandier, qui eſt vn
ſignal de meſpris en la foy & Religion Catholique. Sera veritablement le moyé de
faire viure & éploier les pauures qui ſót tát
recómádez de Dieu par toutes les ſainctes
ordonnances : & par ces raiſons meſſieurs
les Prelats de l'Egliſe ſe tiendront aduertis de ceſte affaire pour y apporter diligément ce qui eſt de leur debuoir, attendu
que cecy conſiſte en œuures pieuſes.

QVATRAIN.

Ho Mᵉſſieurs du Clergé voicy l'heureuſe vie,
Si de tous vos grands biens en vouliez retrancher,
Le pauure y a ſon droict qu'on ne doibt empeſcher,
Sera œuure de ceux qui n'ont point d'hereſie.

PVIS-QVE l'on eſt ſur le propos de
faire bien aux pauures, il eſt neceſſai-

re remonſtrer & empeſcher l'yurognerie
en toutes vacatiõs generallement; attédu
que les hommes de baſſe qualité ſont ſub-
iects à yurogner les Dimanches & autres
feſtes ce qu'ils ont gaigné la ſepmaine : de
ſorte qu'au lieu de ſeruir à Dieu & en faire
viure leurs enfans, ils mágent le tout aux
cabarets, ieux & tauernes: ce qui fait aller
gueuſer & mandier leurſdicts enfans. Il
y a des païs eſtranges qui de tout temps
ſouffrent l'yurognerie & en font gloire :
& autres qui ſont plus ſages & aduiſez
empeſchent telles fautes, & diray icy ſeu-
lement la punition des yurognes d'aucús
deſdicts païs policez. Celuy qui eſt ſurpris
(ſoit homme ou femme) d'auoir trop beu
de vin & en eſtre troublé; il eſt pris à
l'heure meſme, & eſt mis ſur vn cheual de
bois lié par les bras & iãbes, auec vn carquã
au col ſemblable à ceux des Piloris, en la
preſéce du peuple, & là y demeure vingt
quatre heures: & eſt eſcript & enregiſtré
en vn liure, ou iamais apres il ne peult e-

ftre employé en aucune charge publique
ny feruir en tefmoignage. Voyla la punition que reçoiuent lefdicts yurognes : fi
telle police fe faifoit en ce Royaume feroit
faire de grandes aumofnes à plufieurs enfans qui demeurent pauures & ruynez
par tels peres & meres pour l'yurognerie.

Et fur le propos parlant d'icelle yurognerie, il eft de befoing traicter de ce nouueau corps des marchans de Vins de Paris
& du grand nombre de Tauerniers &
Cabaretiers qui tiénét à prefent vn quart
de la ville. Et fil fe trouue auiourd'huy v-
ne maifon belle & commode pour loger
beaucoup de monde, il fault qu'elle fer-
ue à Cabarets, où les yurognes & def-
bauchez qui en font eftat, font ordinairement. Lefquels on fupporte ainfi que les
monopoleurs des changes & rechanges ;
chofes qui ne fe doibuent permettre. Ce
n'eft pas enfuiure les bonnes & fainctes
ordonnances des predeceffeurs Roys, lef-

quelles se doibuent obseruer & non les laisser perdre & aller en confusion. Il n'y a celuy Tauernier ny Cabaretier qui ne couûe narrer & arrester la fleur des meilleurs vins à l'entour de Paris, nonobstant les deffenses ; & les font entrer en la ville par gens supposez. Et apres sont beus par iceux yurognes & desbauchez, & le moindre de ces marchans qui peut auoir trois ou quatre pieces de vin en sa caue pour les broüiller, incontinent le voila grand marchant à monopoller sur le peuple. (L'exéple du mary tué de celle qui depuis peu de temps a esté mise au supplice, estát homme nay de peu, qui en sept ou huict ans gaigna tant de moyens, en rend assez de tesmoignage.) De sorte que malaisement peut-on aujourd'huy trouuer de l'argent contant és mains de la Noblesse, bonnes maisons, marchans ni bourgeois de celuy qui reste en ce Royaume, que les estrangers n'ót encores feu éleuer: & à faulte de Police fault bu'il soit & demeure entre les

mains des monopoleurs, qui ont inuenté les riches mariages, dont les grádes & i-
celles anciennes maiſons n'y peuuent at-
taindre. Sont telles choſes qui engendrét
le nôbre des pauures, à quoy il eſt neceſſaire de remedier, és fins d'eſtablir ce beau
commerce, & que l'argent ſe ſeme d'vn
coſté & d'autre, pour donner moyen au
pauure peuple de payer leurs tailles &
droicts, au Roy, Seigneurs & Superieurs
où ils ont engagez la plus part de ce qu'ils
ont vaillant & plus.

QVATRAIN CONTRE
les meſchans.

Grands qui tous endurez brigues & monopoles,
Que vous & le public les paye tous les jours:
Faictes que voz ſubjects puiſſent auoir recours
Contre tant de meſchans trompeurs en leurs paroles.

14

Avx Lectevrs, Marchans
& Artisans de Paris.

AVCVNS ont faict des plaintes de la
longueur de ces reglemens, la trois
part desquels en parlét en mespris & moquerie. Ce que l'Autheur ne prend en
mauuaise part de plusieurs qui ne peuuét
comprendre ces beaux & riches affaires,
non plus que d'aucuns grands du Conseil
& d'autres n'estant de leur vacation qui
en ont faict des risees & gausseries. Mais
se plaint l'Autheur de ceux qui se disét ha-
billes marchans & artisans, qui cognoissent cleremét que le bié de ces choses sera
grand & admirable à toute la patrie, mo-
yennant ce bon ordre qui doibt estre veu
& bien recogneu par lesdicts marchans &
artisans. Et donner aduis sur trois petits
traictez faicts à ces fins depuis le commé-
cement du mois d'Aoust dernier, les discours desquels sont faciles à entendre par
les moindres de iugement, n'y ayant He-

breu, Grec ny Latin, pour n'auoir iceluy
autheur iamais esté aux escolles, & ce peu
qu'il a apris a esté en faisant traffic de marchandise tenant l'argenterie du Roy, &
dit ces raisons exprés és fins qu'iceux marchans & artisans voyent la lecture desdits
traictez, & en donnent iceluy aduis pour
en resouldre au quinziesme d'Octobre
prochain, specialement de toutes les maistrises inutiles qui se doiuent suprimer, &
qui sont à la foule du peuple, & autres am-
ples remonstrances dans lesdicts traictez.
Priant tous iceux de n'en faire difficulté,
attédu que cesdicts reiglemés ne se pour-
suiuét que pour le bien de la chose publique & contentement de ceux qui aymét
à bien viure.

QVATRAIN aux dessus nommez.

Vous tous qui mesprisez les effects du Commerce,
Songez à voz enfans qu'il leur peult aduenir:
Les riches en tout temps vn chacun doibt mourir,
Craignez que tous voz biens n'aillét à la renuerse.

LE CINQVIESME

TRAITÉ DV COMmerce parlant des procez & chiquaneries , & voir l'honneur que l'ō doit porter aux Iuges de la iustice, auec la faute & la creatió de celle des Consuls, & autres telles preiudiciables au public.

QVATRAIN.

Sages.recognoissez, ce bien faict admirable
Et en donnez aduis, en saine verité,
Contre les infracteurs qui ont auctorité
Onques il ne s'est veu chose plus aggreable.

AV ROY.
ET SEIGNEVRS DES
Cours Souueraines.

Viuant les remonstrances d'empescher les pauures d'aller mendier. Il est de besoin donner vne police perdurable, & sur ce parler de celle du commerce pour faire qu'il soit libre tant par mer que par tetre, au moyen d'vn ordre bien estably, auec rigoureuse punition & brefue iustice, n'y ayant chose qui plus ruïne les marchans, traffic & negoce & amene la pauureté que la longueur des procez. ce qui a esté cause que lesdits marchans ont obtenu la iustice des Consuls (qui est contre toutes les anciennes loix & ordónances) laquelle à esté

creée depuis trente sept ans, et semble que ç'à esté l'vn des presages de
malheur à la France, n'ayant veu depuis que troubles & guerres ciuilles:
dont iceux marchans de leur mesme
iustice se sont ruïnez eux-mesmes
par leurs sentences rigoureuses qui
n'ont seruy qu'aux estrangers pour
se faire payer du grand nombre de
manufactures venus en pourritures:
dequoy ils ont enleué les thresors, a-
uec les piperiës de changes & rechanges, fermes, partis, & inuentions de
banqueroutes. Il est certain que Dieu
à creé chacun en sa vacation pour en
bien vser, assauoir les Roys en leurs
charges & authoritez, les Prelatz
pour l'Eglise, les Doctes & sçauás aux
loix pour la Iustice, & les Marchands
pour la marchandise, & non pour iuger: mais seulemét decider & arbitrer
les differents de leursdictes marchandises: & si lesdits iuges faisoïét bref ue

& bo ne iuſtice : l'on n'auroit affaire
deſdits Conſulz : mais ſe remettre à la
police des anciens qui n'auoyent tãt
de ſortes de plaideurs . Côme auſſi de
tant d'autres petites iuſtices inutilles
qui ne ſeruent qu'à faire monopolles
contre les loix, ſignal de tant de malheurs que la France à ſoufferts : toutes
icelles iuſtices doiuent reuenir deuãt
le Iuge ordinaire & pour remede au
marchant : l'on en pourra choiſir &
eſlire deux ou trois ainſi que d'iceux
iuges Côſulz pour ſeruir de Côſeillers
auſdits iuges ordinaires vn ou deux
iours de la ſepmaine pour decider ce
qui touche le faict de marchãdiſe ſãs
aduocat ny procureur, ſuiuant les ordonnances d'Orleans 1560 . Telles
choſes amenerõt vne vye heureuſe &
empeſcheront les moqueries des e-
ſtrangers qui diſent qu'en France il y
a plus de ſortes de iuſtices qu'en tout
le reſte de la Chreſtienté : outre les

plaintes que l'on entend de tous co-
ftez de l'iniuftice qui fe faict à caufe
des chiquaneurs faifans de telles fraudes, mefmes des biens qui font en de-
cretz ou autrement que rien ne leur
efchappe,achetent & ruinent les he-
ritaiges des mineurs, & s'en trouuera
qui aurót dix mil efcuz de fondz, lef-
quelz fe mangeront en fraiz s'ils font
endebtrez de peu de chofe,& n'é fçau-
roient retirer vn quart à leur proffit,
font vrayement ces chofes qui engé-
drent & fót naiftre les pauures : raifó
qu'il faut reprefenter,& venir aux remedes facilles qui fe prefentét. les rigueurs de prifons font venuës à fou-
hait aux chiquaneurs eftant incroyable les trauerfes qu'ils donnent aux a-
ffligez eftant pire que les parties s'ils
n't argét ou moyens à leur dóner,les
prinfes de corps pour debtes ciuiles
furent inuentées à caufe des tró peurs
qui traffiquoyent aux foires, & prea-

A iij

sent elles sont sur les simples, petits, & toutes qualitez de personnes, mesmes que pour trête sols, quatre frács, dix escus, plus ou moins, l'on met les hommes & femmes iniustement prisonuiers qui enuoyent leurs enfans mendier: ce que ne font les Infidelles, mesmes les Turcs, lesquels ne dónét point de pouuoir de contraindré celuy à qui ils ont presté : attendu que nul ne fait prester son bien à autruy par force : & pareillement en France l'ó n'est point cótraint à prester. C'est pourquoy les predecesseurs n'vsoiét point de prises de corps pour marchá difes ny debtes ciuiles: ç'a esté les rufes des estrangers, qui ont fait inuenter icelle iustice des Cósuls, commencé aux Estats d'Orleans 1560. lors que ce grand nombre de draps de soye eurét pris commencemét de si bié plumer les François en leurs thresors, dequoy leurs armées ont esté payées depuis des finances de ce Royaume.

Qvand icelle iustice des Consuls fut establie, il ne faut douter que ce ne fust vne gráde surprise, voyátque l'authorité des Roys porte de créer les iuges en leurs royaumes:autremét seroit laisser viure leurs snbjects en forme de republiques, chose qui en-gédre les ligues côtre leurs superieurs, de façon que si tels abus de petites iu-stices regnoient long temps seroit le moyé de réuerser vn estat. Outre que cela fait croistre l'ignorance au peu-ple, se faisant acroire qu'ilz sont ca-pables de iuger des affaires d'estat, & gouuerner les royaumes. Les mutins qui allerent prendre nos seigneurs de la Cour prisonniers en leur siege du Senat souuerain en rendent tesmoi-gnage, telles choses sont euidentes. Ayant veu tant de reuoltes & rebel-lion de villes & de peuples depuis icelles creations de petites iustices, de

forte que ſi les iuges royauxordinai-
res vouloient faire par vne ſaincte
police(comme il a eſté dit)vne bonne & brefue iuſtice . Il ſeroit plus que
neceſſaire caſſer , reſcinder, & reuoc-
querladite iuſtice des Côſuls & autres
telles, côme preiudiciables à la choſe
publique , à quoy nos ſeigneurs du
côſeil auront eſgard, & ſerôt aduertis.

CE QVI A ESTE' DIT
aux Eſtats d'Orleans pour l'inuention des rigueurs des
priſons.

EN l'article 143 . Entre marchans
& non autres , toutes cedulles
& promeſſes recogneuës ou deuë-
ment veriffiées par deuant nos iuges
ordinaires, emporteront garniſon &
contrainte par corps:ainſi que l'on a
accou-

accouſtumé d'en vſer à la conſerua-
tió des priuileges des foires de Lyon.

VOYLA donc le commencement
des priſes de corps, dót trois ans apres
icelle iuſtice des Cóſulz fut creée, qui
à amené vn nombre incroyable de
pauuretez par leurs rigueurs de priſons, attendu que les pauures neceſſi-
teux ne regardent ordinairement ſinon où ils peuuent emprunter, & à
quelque prix que ce ſoit: de ſorte que
les trompeurs & autres vſuriers ſou-
dain s'accordent à preſter leurs meſ-
chantes denrées & marchandiſes,
pourueu qu'ils voyent aſſeurance, &
ceux qui craignent de s'obliger à tenir priſon, ils ne s'en ſouciét pas voyant qu'apres le terme eſcheu, ils les
feront comdemner, ſoit par icelle iuſtice des Cóſulz, ou par ce cruel éedit
des quatre mois, de façó que les pauures, à qui l'on porte enůye, ou bien
par l'vſure pernitieuſe des meſchans

tant aux villes que par les champs, on
les fait comdemner & mettre cruel-
lement dens lefdictes prifons & leurs
femmes & enfans vôt aux aumofnes,
& au lieu de leur auoir fait plaifir de
charité, tels pauures font ruïnez : &
encore pire cruauté, d'aucús qui ayát
preflé à des pauures femmes vefues,
mefmes à des hommes ayát des filles,
qui pour ayder aux prifons ou les en
fortir, elles fontcontraintes s'abandô-
ner à mal faire, cruauté pire que bar-
bare. Ainfi eft-il de tant de marchans
qui ont quitté la marchandife, & aymét mieux demeurer à rien faire que
non point eftre fubjects à telles cru-
autez de rigueurs de prifons, c'eft
vrayemét maintenir les vfures & monopolles de plufieurs qui preftent
pour auoir les biens & heritages des
pauures, n'eft-ce pas maintenir l'aua-
rice infatiable, à ceux qui ne font iamais contés. Bref la prifon eft le fleau

& ennemy de pitié inuétée par cétte
nouuelle iuſtice des Côſuls qui a fait
inuéter iceluy édict des quatre mois.
Rigueur à tât de pauure peuple, n'ayant eſgard nô-plus à l'innocét qu'au
coulpable : punitiô pour les meſchás
qui ne doit eſtre generale : les rigueurs de priſons doiuent ſeruir aux
trompeurs qui ſe font ſeparer de biés
d'auec leurs femmes pour piper leurs
creanciers : & aux banqueroutiers à
deſſeing que l'ô doit chaſtier de mort
pire que les volleurs des bois.

Aᴘʀᴇs que l'on a parlé de la rigueur des priſes de corps pour marchandiſes & debtes ciuiles, il faut re-
môſtrer le mal que ſouffrent les pauures ſur l'execution des ſentences, attendu qu'il ſe trouuera aucuns ſergés
qui iront prendre vn pauure bourgeois ou marchât iuſques aux nobles
& autres, & les prennent au corps.
Ainſi qu'vn meurtrier qui aura tué

dans vne Eglise, les menent par les
ruës, & iceux font voir au peuple
pour leur donner ſcãdale pire qu'vn
criminel & homme de mauuaiſe vie,
& ceux qui cõtrediſent à leurs cruau-
tez & qui veulent eſuiter ce deshon-
neur, ils les imputent faire rebellion
à iuſtice, & les tourmentent violem-
ment, les menãt aux priſons, & bien
fouuét ne ſót cõtens iront ſaiſir biens
meubles, & les tranſportent, rom-
pent, caſſent diſſipent & vendent à
peu d'argent, & font tellement des
frais que tout ſe conſomme pour
neant: rigueur cruelle d'auoir corps,
& les biens, cè qui engendre les pauures contre les bonnes & enciennes
loix.

Autres ſergens qui vont aux pauures des champs, & les eſpouuentent,
qui les conttainét à leur donner bled,
auoine, chapons, & argent, & a faute de ce faire les prénent priſonniers,

& s'en trouuera qui auront payé plus
de deux fois leurs debtes & ne feront
quittes, n'y ayant forte de pauureté
qu'ils n'ayent inuenté fur les fimples
des champs, & des villes en toutes
parts.

Il faut confiderer le mal d'iceux
eftant reduits aux prifons. En premier lieu quelques honneftes per-
fonnes qu'ils foient, ils font mis à la
compagnie des voleurs, brigans, coupeurs de bources, & condemnez aux
galaires. Et les femmes auec les putains, maquerelles, forcieres, laron-
neffes, & autres qui ont tué leurs enfans. Et par confequent eftre traictez
des gardes des prifons auec mefpris,
faifant moins d'eftat d'vn homme de
bien prifonnier pour argent que des
plus grands voleurs, & quelque taxe
& reglement que nos Seigneurs de la
Cour ayent faict pour foulager iceux
prifóniers, lefdites gardes & les Gref-

B iij

fiers des geoles s'accordent enſemble,
& tirent deſdits priſonniers outre la
taxe , ce que bon leur ſemble , de ſorte que les Ciuils ſont traictez en criminels, auec frais en pluſieurs façons,
dont beaucoup ſont ruynez , & en
meurent de fain & pauureté : vraye
inquiſition s'il en fut jamais , qui eſt
l'vn des preſages de l'ire de Dieu ſur le
peuple de ce Royaume.

Ce ſeroit mal iugé à celuy qui vou-
droit donner le blaſme ſeul à quelque
particulier du mal qu'il cómet contre les affligez pour debtes Ciuiles.
Attendu que l'inuétion prouient des
trompeurs en chiquaneries, qui iour-
nellement inuentent les fraudes , dequoy ils font tant de ſortes de procedures, & dont les plus hommes de
bien de Iuges ſe trouuent empeſchez
de cognoiſtre leurs ruſes, & apres que
leſdits Iuges ont dóné leur iugement,
s'il n'eſt à leur fantaſie , l'on ne voit

que blasme contre la iustice , ainsi
font ordinairement les meschás , car
toutes choses de bien leur sont contraires. Il faut croire que Dieu à crée
la iustice pour conseruer les bons &
chastier les meschans, & si n'estoit la
crainte d'icelle le nombre desdits
meschans renuerseroit les gens de
bien. C'est pourquoy toutes les loix
& anciennes ordónances , font men-
tion qu'il faut obeyr, craindre , &
respecter lesdits iuges & la iustice. Et
se bander directement contre l'iniustice , qui est les inuenteurs desdits
procez & chiquaneries, qui sont cause de ruyner tant de maisons & familles, d'où vient la pauureté , signal
de mal'heur en ce Royaume, mesmes
d'y voir vn nóbre incroyable d'hommes venus de peu qui ont acquis tant
de biens & richesses : Comme celuy
qui n'a rien du tout, & que si tost qu'il
peut halener tels imposteurs & in-

inuenteurs de meschancetez, on luy
verra en peu d'annees grandes som-
mes de deniers, rentes & heritages,
lesquels sont portez & soubstenus
par iceux trompeurs, dont les iuges
n'y peuuent dóner remede quelques
voleryes & tromperies qu'ils ayent
faict, & n'y a pas iusques aux maisons
des Roys & des princes, qu'ils n'esbra-
lent pour les mettre en pauureté, &
par consequent tout le reste du Royaume, cruauté telle qu'il ne s'en peut
dire d'auantage, & pour donner ordre à telles fautes il faut prier Dieu
qu'il donne force & auctorité à la Iustice, & alors l'on verra bien & sou-
lagement aux pauures affligez, mineurs, veufues & orphelins.

AV LECTEVR POVR
cognoistre les plaintes des procez.

CEluy qui d'affection veut considerer les plaintes du peuple
mention-

mentionnées dans les éedicts & ordonnances depuis le Roy François
premier, à cauſe de la longueur des
procez il n'y aura homme d'entéde-
ment, qui ne iuge que c'eſtoit preſa-
ge du mal'heur aduenu des troubles.
Et par ainſi puis que le bon Dieu a
donné a preſent ſa ſaincte paix, il eſt
de beſoin auoir eſgard aux plaintes
cy deſſus, pour le bien deſdits pauures & autres qualitez. Et à ces fins
l'on peut voir des principaux points
tirez deſdites ordonnances, cy apres.

PREMIEREMENT.

Es ordonnances du Roy François
premier, pour pouruoir au bien
de la Iuſtice & abreuiation des procez, & ſoulagement de noz ſubjects.
Faict à Viliers Cottrez au mois d'A-
ouſt en l'an 1539.

Les ordonnances du Roy Henry
deuzieſme, où il eſt dict que pluſieurs

grandes plaintes & clameurs ont esté faictes de la longueur au faict de la Iustice. Faict à Fontaine-Bleau au mois de Septembre, en l'an 1551.

Les éedits du Roy ayant faict plusieurs ordónáces pour l'abreuiation des procez sás employer tout le téps de leur vie à la poursuite & n'en pouoir venir à fin. Faict à Fótaine-Bleau au mois de Ianuier, l'an 1551.

Les ordonnances du Roy Charles tous differés qui ne requerront sommaire cognoissance, serót vuidez par les iuges des lieux sur le champ sans Aduocat n'y Procureur pour abreger les procez. Donné à Orleans au mois de Ianuier, l'an 1560.

L'edit du Roy François sur le desir d'épescher les procez, & si tost qu'ils sont nez, les esteindre. Donné à Fontaine-Bleau au mois d'Aoust l'an 1560.

Autres ordonnances du Roy François comme le vray moyê d'abreger

les procez soit de venir au deuant &
garder qu'ils ne soient amenez pardeuant les Iuges, ny en decider par
arbitre ou amiables compositeurs, la
longueur desquels ruyne & destruict
noz subiects. Dóné à Fontaine-Bleau
au mois d'Aoust l'an 1560.

L'edict du Roy Charles pour le bié
du public & abreuiation des procez
& differens entre marchands. Donné
à Paris en l'an 1563.

Les éedits & ordonnances du Roy
pour le bien & reglemét de la Iustice
& Police de son Royaume. Donné à
Rossillon au mois d'Aoust en lan
1563. & 1564.

Les ordonnances du Roy pour la
reformation & reglemét de la Iustice. Tenu à Moulins en l'an 1566.

C ij

ADVIS SVR LA LON-
gueur des procez cy deſſus à cauſe des
pauures.

L'on pourroit penſer que les Iuges
ſeroient entierement cauſe de la
lógueur des procez, qui eſt vn erreur,
voyát que la briefue iuſtice quelque-
fois eſt la plus dangereuſe : toutefois
l'vne & l'autre ſont bonnes & mau-
uaiſes.

La longueur des procez eſt neceſſaire pour apporter toutes pieces & aduertiſſemens pour ſeruir à vn droit.
Et d'autre part la lógueur deſdits procez eſt pernicieuſe à cauſe des grands
frais qu'y font les parties, qui ſe ruynent & conſommét en toutes ſortes.
De façon que ceux qui ſe trouuans
faute d'argent & moyens, les peres &

enfans meurent à la pourſuite, quelque bon droit & cauſe qu'ils ayent:
les procez qui ſe iugét promptement
eſt le deuoir des iuges eſtant bien in-
ſtruits des partyes. Et auſſi le contraire de ceux qui les precipitent comme
d'aucuns qui les font iuger par ſur-
priſe, vols & brigádages des chiquaneurs qui vendét leurs parties, ce qui
les rend ſi riches en biens & threſors
qui ſont venus de rien & n'ayans jamais eſtudié aux loix : Mais ſeullement à ce qu'ils appellent la Pratique
inuentée des ruſes & cautelles, ce qui
faict perdre la bonne police des anciens.

AVX PROCVREVRS.

La pure & certaine longueur des
procez vient des Procureurs qui ne
demandent ſinon longues pratiques
pour leur profit particulier & rem-
plir leurs boutiques & eſtudes de ſacs

& procez voire mieux & en magnifi-
cence que les marchans de bonne
marchandiſe, & en tel nombre qu'il
ſ'en trouuera plus ſeullement à Paris
qu'en tous les pays eſtrangers de la
Chreſtienté. Ce qui faict veoir claire-
ment les plaintes du peuple qui ſont
veritables contre leſdits Procureurs,
qui prennent les biens & argent des
parties ſans faire receu ny promeſſe:
& apres payét les Iuges & Aduocats
à leur fantaſie, voire treſmal le plus
ſouuét, & ne laiſſent de faire des frais
comme bon leur ſemble contre les
pauures parties qui ne ſçauent con-
gnoiſtre les ruſes de la pratique: car
ils ne ſ'enfermeroiét en leurs lacqs ſi
legerement. Et que l'on regarde auſſi
la chicanerie & mangerie des greffes
il y a tel qui n'auoit rien de ſon chef
qui fournira plus d'or & d'argét que
la meilleure maiſon des Princes du
ſang: de ſorte que telles gens ſe font

payer à leur fantasie & leurs taxes au
semblables à quoy d'iceux ne veulét
auoir esgard. Les predecesseurs qui
ont faict bastir de si beaux Colleges,
ne l'ont faict pour la pratique : mais
bien pour les bonnes loix , qui est le
fondement & maintien des Royaumes & Monarchies.

AVX ADVOCATS.

Ayant traicté des Procureurs, procez & pratique si auant, il ne faut ou-
blier aucuns Aduocats qui se delectét
à icelle pratique & chicanerie plus
qu'a la science ny aux loix , lesquels
detractent & mesdisent ordinairement des parties , soit en la presence
des Iuges ou allieurs & donnent des
colibets & gauseries n'ayás fódemét
de mieux discourir, oubliant les bonnes loix ou bien ne les ayant jamais
apprises: les doctes & sçauans n'vsent
point de parolles d'ygnorance ne

d'inuectiues & ne veullēt maintenir
les tromperies de pratique qui ame-
nent la pauureté iusques aux maisons
des grands & autres. Et comme telles
gens sont vne fois en credit domesti-
que ausdits grandes maisons, elles ne
peuuent profiter & sont ordinairement en necessité & embrouïllées en
debtes, procez & chicaneries & font
faire des frais & saisies sur leurs biens
par gens supposez qui font courir interests sur interests, vendent lesdits
biens & heritages à leur deuotion &
apres y partagēt auec les trompeurs
leurs semblables: de sorte que ce mot
de pratique est le fleau & ennemy du
profit & richesses des Roys, Princes,
nobles & autres, & les hommes qui
sont appris aux bonnes loix font au
contraire, lesquels leur conseillent
s'acquiter & vser de mesnage & ne
s'embrouïller en debtes, & sur tout
payer leurs petits officiers premier
que

que les grands pour eſtre fidellement
ſerůis & empeſcher les pernicieux
abus de ceux qui acheptent & vendent leurs eſtats & offices domeſti-
ques à groſſes ſommes de deniers à
des gens qui apres pipét & vollent
leurs maiſtres ce qui rend les grandes
maiſons au pillage qui en faict reſen-
tir tous le reſte du Royaume. Voyla
donc le differét des bonnes loix contre les pratiques & chicaneries. Teſ-
moin ceux à qui faut compoſer pour
plaider leurs cauſes & ſi quelquesfois
celles qu'ils peuuent vuider en vn
plaidoyer ils en feront deux ou trois,
voire tát qu'il leur plaiſt. Ce qui conſomme les partyes en longueur : Et
ne faut ſeſtonner ſi les ordonnances
portent que l'on doit vuider les differens ſans Aduocats, n'y Procureurs.
Les eſtrangers ſages & aduiſez empeſchent telles fautes, & venant en
leurs pays vn Aduocat françois, ils

n'oſeroit donner conſeil des pratiques & chiquaneryes de France, car
il iroit de ſa vie. Voyla pourquoy ils
gardent leurs Polices & maintiennent leurs beaux & excellens com-
merces des manufactures: Ce qui em-
peſche ne voir nulles pauures mendier en leurs pays. Raiſons veritables que les hommes des bonnes loix
en peuuent teſmoigner.

Il ne faut laiſſer paſſer ces diſcours
parlāt des procez, chicaneries & pratiques, ſans faire métion de la iuſtice
& police que tiennent les pays eſtrā-
ges au proffit de leur pays.

Comme il a eſté remonſtré que la
rigueur de priſon pour marchandiſe
& debte ciuile, fut inuétee par les ruſes des eſtrangers: leſquels font pa-
roiſtre en leur pays, qu'ils ſont plus
aduiſez que les François qui leur portent leurs denrees & marchandiſes, &
ſont contraint les leur vendre a bon

prix, car de leur prefter il n'auront
point de iuftice, & faudroit perdre
fouuët leur debtes : aucuns leurs font
iuftice, mais fi longue que les marchands fe confomment à la pourfuite
comme d'autres qui ne veulent ouyr
a faire droit s'ils n'apportent des let-
tres patentes du Roy au grand fceau
de façon que chacun pays a fa forte
de iuftice differente & toutes à leur
proffit, tefmoings celles d'Angleterre
que les fayfant venir & contraindre
apres leur auoir prefté les iuges font
refpôce pourquoy baillez vous a credit, vous le faictes expres pour attrap-
per nos deniers & furuédre vos marchandifes, & foudain donnent iugement affauoir que le debteur payera
toutes les fepmaines, vne piece d'argent de leur pays qui vaut trois fols &
quatre, ou cinq fols & fix, & huict ou
dix fols & non plus, quelque fomme
que fe monte la debte. Et quand le

D ij

marchand eſtranger void ſa condem-
nation eſtre ſi longue, il eſt contraint
donner ſa debte en eſchange de marchandiſe a vn du pays, a perdre d'vn
tiersou d'vne moytié voila la police &
iuſtice, qu'ils font a leur proffit contre les Francois & autres eſtrangers.

Et pour la police qu'ils font a ceux
de leur nation d'Angleterre, celuy
qui doibt & ne peut payer au temps
qu'il a promis on le faict condemner
par les iuges à tenir vne certaine priſon non auec les criminels, mais bien
en maiſó libre, toutesfois pour la vie
il n'oſeroit ſortir dehors là où ils ren-
dẽt leurs cóptes s'ils ót gaigné ou perdu, & celuy qui ſe treuue auoir mãgé,
ioüé ou paillardé le bien d'autruy, &
n'ayant dequoy ſatisfaire, on le con-
déne criminellement demeurer auec
les voleurs aux priſons fermees, iuſques à fin de payement. Et pour y ſatisfaire tous les iours, on le meine en

vne place publicque attaché par vne
iambe d'vne chaifne de fer, de deux
thoifes de long, là où il demáde l'aufmone remonftrant fa faute d'auoir
mangé le bien d'autruy, & ceux qui
paffent leur donnent l'aufmone, qui
eft grande quelquesfois attendu qu'il
n'y a point de pauures qui mendient
par les ruës. Voyla comme les eftrá-
gers treuuent la police non point en
France veoir les larrons pippeurs a la
prefence de la iuftice, trompent &
volét vn chafcun : Et principallemét
les eftrangers qui font fauörifés comme bon leur femble, & emportent le
bien du peuple à la veuë & fceu des
chefs de la police, & tellement grat-
tifiés, qu'ils font mettre prifonniers
pour leurs debtes, executer & vendre
les biens. Brief toutes chofes leur
font permifes à la ruine generalle de
la chofe publique, mefmes leur fraude de banqueroutes : Dequoy ils ont

D iij

ruyné la ville de Lyon & autres de ce
Royaume, ainſi qu'il a eſté remõſtré
au troiſieſme traicté. Ce qui ſeruira
d'aduis à ce que deſſus.

CONCLVSION.

TOutes les remõſtráces en ces traictez, ne ſõt rien ſi l'õ ne vient aux
moyens de faire cognoiſtre l'executió
& à ces fins ſuiure les ordonnances &
ſpeciallement celles où il eſt dit, qu'il
faut eſteindre les procez & differents
auant qu'aller deuant les Iuges, & les
deſcider par amiables compoſiteurs,
ou ſommairement pardeuant leſdits
Iuges ſans Aduocat n'y procureur.
 Le vray & principal remede, eſt que
deffences ſoient faictes a toutes perſonnes quelz-conques, d'intéter procez ne differents, que premier les pa-
rens, amys, ou maiſtres expers, ne les
ayent deſcidez & arbitrez, & mis leur
dire par eſcript ſignez d'eux, & que

nul Iuge n'en prenne cognoiſſance,
qu'ils n'apportent leur arbitrage en
forme, à peine de groſſes amendes, &
de nullité des procedures.

Et pour l'executió d'vn tel benefice,
il eſt beſoing contenter les Iuges de
grands gages ſuiuant leurs dignitez,
aux deſpens des prouinces : & faire
ſur tout que l'ó ne paye plus d'eſpices
ayant eſgard que les pauures ruynez
perdãs leurs biens & heritages, a faute de moyens, meſmes qu'il ſeroit de
beſoing que les Iuges grãds & riches
feiſſent la iuſtice par charité & honneur de Dieu. Et que l'on doibt faire
conſciéce de prendre argét des veufues, orphelins & mineurs dequoy les
bonnes & anciennes loix en mon-
ſtrent les exemples eſtant certain que
les deniers qui ſe leuront pour iceux
gages, ne feront preiudice au public,
à comparaiſon du mal de la longueur
deſdits procez ruine & pauureté, qui

font renuerſer iuſques aux plus grandes & anciennes maiſons. Et quất au
nombre deſdits Iuges & officiers qui
eſt ſi grand, il n'en ſera point parlé a
cauſe de la véte de leurs offices remet-
tant tel affaire au bon aduis & clemence de ſa royalle Majeſté pour en
donner ſon bon & iuſte iugement.

Il ſera icy donc vn exemple de la iuſtice, qui ſe fait au pays de Biſcaye à
ſçauoir que le Roy d'Eſpagne tous les
trois ans leur enuoye vn iuge, & cel-
luy qui en ſort ſe rend priſónier pour
rendre compte de ſa charge, & eſtant
iuſtiffié s'en retourne auec tant d'hóneur qu'il n'eſt poſſible de plus. Et a-
pres iceux ſont employez aux grands
charges des affaires d'eſtat & cours
ſouueraines, ainſi qu'on faiſoit an-
ciennement en ce Royaume & non
point ceulx qui fôt acroire aux Roys
& aux Princes qu'il faut tôdre & plumer leurs ſubjects, pour empeſcher
les

les reuoltes. Mais au contraire les richeſſes des peuples ſót celles des Roys
en faiſans faire bonne & briefue iuſtice &n'auoir eſgard aux ames dam-
nees & engouffrees de richeſſes, qui
endurét faire &naiſtre les pauures ſás
pitié n'y ſecours , les pays eſtrangers ne font comme en cedit royaume,car à la moindre calónie les iuges chaſtiét principalemét ceux qui
ſót de la iuſtice qui apres auoir vendu
leurs parties font demeurer le blaſme
aux iuges , & font acroire pour at-
trapper de l'argent qu'ils gaigneront
leur cauſe pour auoir des iuges rap-
porteurs à leur deuotion, qui eſt le
bruit d'apreſent. L'vn des points dequoy l'on ſe plaint de l'iniuſtice, les
eſtrangers remedient a telles fautes
attendu que nul ne peut ſçauoir qui
eſt le rapporteur des procez, & iceux
les iugét en ſecret, la iuſtice d'Angleterre & autres pays eſtranges en rédét

E

tefmoignage, a quoy l'on doibt auoir
efgard, comme de la iurifdiction des
Confuls crees au mefpris de la iuftice
& des loix ainfi que les petites iuftices
inutilles qui doibuét eftre fuprimees
& toutes chofes qui engendrent les
pauures. Moyen de voir vne feconde
paix autant ou plus necefffaire fans
comparaifon que celle des ennemis
priant le Createur, que le tout foit à
fon honneur & gloire.

QVATRAIN.

*Pour induire le peuple a prier Dieu qu'il
maintienne la force & authorité du
Roy contre les mefchans.*

A fa Royalle Maiefté.

*Grand Roy prens ce threfor pour fecours de la France
C'eft vn droict bien acquis prens en l'auctorité.
Chaftie les mefchans ils l'ont trop merité,
Ils renuerfent tes loix fans nulle obeiffance.*

Aux Princes & Grands.

Princes Recognoissez ce beau droit d'heritages,
Rauy de vos maisons soyez en bien enquis.
Faites que les meschans rendent leur mal acquis,
Vous peres & enfans aurez de beaux partages.

Au grãd Chef & Pere des bonnes loix.

Ho Dieu fay que le Roy renforce la Iustice,
Et que tous les Seigneurs l'embrassent d'vn accord.
Les François sentiront aggreable support,
Si l'on faict aux meschans quicter leur iniusticc.

FIN.

Ces Traitez ont esté commencez à sçauoir le pre-
premier au 15. iour d'Aoust & faits l'vn apres l'autre, & acheuez le 10. de Nouembre, 1600.